W0222352

Friedhelm Welge

WORTSTEINE

Gedichte
zu Skulpturen

Präsenz leben

Als der kleine Fiti
Sich endlich darüber beschwerte
Wurde er in Fidel umgetauft
Ob damit der Kommandante gemeint war
Weiß der große Friedhelm nicht
(War er sicher nicht)
Aber später wurde er
Wie viele andere
Ein Anhänger von Revolutionen
Vielleicht wäre er in einem anderen Land
Ein richtiger Revolutionär geworden
Nun, er wurde Bildhauer
Das war auch ok

AKT EINE TREPPE HERABSTEIGEND

Was für ein Programm
1912
Marcel Duchamp der Große Verwirrer
Bewegung malt er auf die Leinwand
Für die Jahre des Umbruchs
Die die Welt verändern werden

Sie steigen herab vom Elfenbeinturm
Konstruktivisten
Kubisten
Dadaisten
Vermessen neu die Welt der Dinge
Mit ihrem Maß

Rund fünfzig Jahre später
Seht den Gerhard Richter
Er lässt sie gehn die Schöne
Sie sieht hinab aufs Neu
Als hätt mit seinen Augen sie just gesehen
Caspar David Friedrich den Romantiker

Und fünfzig Jahre später komm noch ich
Und schick ins Bild hinein
Den Akt aus rotem Stein
Nach guter Art der Jünger Dadas
Mit Scher und Klebstoff wird die Figur fixiert
Leichtfüßig

Brüste wie reife Zitronen
Schwebt sie hinab mit Evas Gliedern
Und mir erscheint sie fröhlich jung
Obwohl ich schuf sie schon
Vor vielen Jahren
Aus einem Sandstein rot

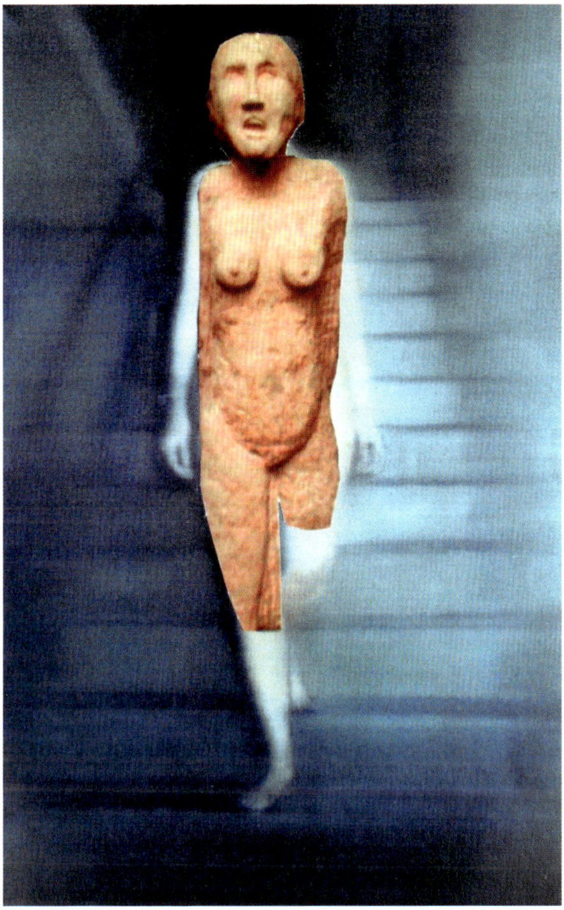

Es war ein Stein
Ich fand ihn – Türsturz eines Hauses
Kurz vor dem Abriss noch gerettet
In jenen Jahren als so manches Haus
In Frankfurt West und Nord
Der Abrissbirne unterlag

Sie ist mir jetzo ein Symbol
Das aufgehoben ist
In einem neuen Alten Bild
Versteh mich recht:
Ich meine auch:
Bewahrt

ALTSTADTFRATZE (bunter Kopf)

Was für ein Widerspruch
Neue-Altstadt-Schauer
Wall-und-Gassen-Gänger

Über den Torbögen die Steinfratzen
Sie schreien dir Spott entgegen
Den du nicht hörst

Du siehst nicht mal Ihre Gesichter
Weißt nicht
Wohin du schauen sollst

Deshalb kommen sie gern in kleinen Gruppen mit Führer
Die klären dich auf – die wissen bescheid
In mancherlei Sprache

Der eine humorvoll
Der andere wissenschaftlich
Für Frankfurter auch frankforderisch

Ich hab sie gezählt von halb fünf bis fünf
Da warens 412
Das ist nicht grade wenig

Manchmal kommen große Gruppen
Am gleichen Kärtchen kennt man sie
Manchmal schwarze-Anzug-Träger

Zwei Rikschas kommen vorbei
Der Fahrer muss schnell erzählen
Für sie ist die Altstadt nur eine Schleife

Und mein Freund Hakemi, den kannte ich bis vor kurzem noch gar nicht. Hatte einen Job bei der Baulogistik. Wo er heute ist, weiß ich nicht. Ich soll ihm einen Text über die Menschlichkeit schreiben. Hab ich gemacht. Da soll man nicht nur den Dichter loben. Auch den, der es ihm abverlangt.

LOB AUF DIE ARCHÄOLOGIE (freigelegt)

Wo Frauen und Männer
Also Menschen aus der JetztZeit
Die mehr über das
Jetzt
Und über das
Woher
Wissen wollen
Gibt es einen Zusammenhang von Entwicklung und
  menschlicher Arbeit
Forschen und Graben
Spuren suchen die Auskunft geben
Wie Kultur entstand
Überlebt warum
Untergegangen weshalb und wie
Nicht im Spekulieren verharren
An gesicherten Spuren weiterbohren

Fragen stellen
Unmögliche auch
Scheinbar absurde
Einstein und Beuys und
All die anderen Unaufhaltsamen wussten es schon:
Nur die Dümmsten
Stellen die klügsten Fragen
Warum fällt ein Ding zu Boden
Und wozu diente es
Warum sind wir Menschen so ängstlich
Warum sind wir Menschen so unglaublich optimistisch

Freigelegt
Dieser Stein hatte einen Riss. Ich setzte die Spaltkeile an und vollzog die Spaltung spaltete ihn vollends.
In den unteren Teil des Steines meißelte ich eine liegende Figur.
So als sei sie schon seit Millionen Jahren dort wie ein Fossil verborgen.
Und ich habe sie nur freilegen müssen
Eine bildhauerische Geschichtsforschung sozusagen.
Ein archäologischer Akt eines Bildhauers.

ATLAS

In eben jener Nacht
(genaugenommen war es der Morgen des 10. November
1938)
Die Reichskristallnacht
Von Verharmlosern noch genannt
In eben jener Nacht
Brannten die Synagogen
Wurden die Lunten angemacht
In eben jener Nacht
Wurde das Tor weit aufgemacht
Tausendjährige Unzeit
In eben jener Nacht
Fielen die letzten Schranken
Von Menschlichkeit und Recht
Was jeder hätte sehen können
In eben jener Nacht
Aber die Menge johlte
Noch wäre es Zeit gewesen
Für ein aufrichtiges Nein
In eben jener Nacht

>

Nachdem das Feuer erloschen
Männer kamen und schafften die Steine fort
Schnell sollte es gehen
Gründlich musste es gehen

Der Transport wurde den Opfern in Rechnung gestellt
Verbaut wurden sie in der Friedhofsmauer
Einige landeten im Ostpark
Brandspuren trugen sie

Einer der Arbeiter
Die sie hingebracht
Zeigte ihm den Ort im Ostpark nach vielen Jahren
Sie trugen die Spuren jener Nacht noch

Der Bildhauer
Telefonierte sich von Pontius nach Pilatus
Bei der großen Stadt Frankfurt am Main
Niemand wollte die Steine kennen
Niemand wollte wissen
Wie die Steine dahingekommen
Niemand wollte eine Verantwortung für diese Steine
übernehmen
Niemand erhob Besitzansprüche an diesen Steinen

Da gab er sich selbst
Die Erlaubnis zum Abtransport einiger Steine
Zur künstlerischen Rettung der Steine
Und er bewahrte sie auf
Es kam zu einer Großen Aufhebung

Er schuf
In Respekt
Vor der Leistung der altvorderen Steinmetze
Und in Respekt
Vor der einmaligen Zeugenschaft
Dieser gebrandmarkten Steine

Ein neues Kunstwerk
Aus diesen Steinen:
Einen Atlas
So wie diese Fundamentsteine die Synagoge trugen
Sollte der Gigant selbst
Das Gebäude tragen und auch
Sein

Aufheben die Geschichte
Ihrer Entstehung
Mit den Brandspuren
Mit den Ornamenten

Zeugnisablegend von der Zerstörung
Und
Von der Aufhebung
Auf das Alles sichtbar
Und
Sagbar werde

EIN MENSCH WIE BALZAC

Rodin hat dich mehrfach modelliert
Annäherungen posthum
Du hattest wüst gelebt
Dich nicht geschont
Und andere auch nicht
Darin warst du Rainer Werner Fassbinder gleich

Du warst ein bedeutender
Schriftsteller-Künstler-Mensch
Ohne Scheu vor Konflikten
Rodin – dir ebenbürtig
Aber – er war nicht selbstzerfleischend

Für ihn warst du eine Herausforderung
Er modellierte dich nackt
Musste sich so deiner Größe und Wüstheit nähern

Und als er fertig war
Mit dir im Morgenmantel
Mit der du deine Nacktheit umhülltest
Ein Fels in der Brandung
Das war Rodins Entwurf für dein Denkmal

Groß wie du selbst

Aber die Jury war zu engstirnig für solch einen Wurf
Rodin machte noch einige Änderungen
Dann kapitulierte er
Mit dir vor der Jury
Sie war einfach zu klein für diesen Wurf

Jahre später erst
Wurde Rodins Entwurf in Bronze gegossen
Was für ein Mannsbild
Ein Monument des schöpferischen Intellekts
Eine unsterbliche Masse Mensch

So blickst du uns heute an
Dein gefurchtes Gesicht
Unendlich gravitätisch
Deine Haare gebändigt
Nach einer durchlebten Nacht

Dein massiger Körper - du verhüllst ihn zwar
Zeigst ihn doch: Seht her ich bin's
Honoré Balzac
Und der mich erkannte ist
Auguste Rodin

DER BILDHAUER ENTLÄSST SEINE GESCHÖPFE

Eines schönen Tages
Man sagt das so „eines schönen Tages“
Wird sich aber nicht erinnern können
Ob es wirklich ein schöner Tag gewesen war
Also:
Eines Tages tritt er aus sich heraus
Um genauer zu sein: neben ihn
Und betrachtet sein Werk
Er scheint jung zu sein
Seinem Sohn gleich
Er grüßt seine Geschöpfe
Er kennt sie alle
Liebt sie:
Den Ängstlichen mit den starken Schultern
Die Zweiflerin, die sich erinnert
Es habe ihr jemand erzählt
Die Titanic sei das sicherste Schiff der Welt
Den Großherzigen, der dir seine Schulter bot,
um dich auszuweinen
Die Unbeugsame, die sich hingab
Der Große Leidende, der ihr seit Kindheitstagen vertraut
Und dennoch unbekannt war
Manch anderer noch
Er ließ sie los
Gab sie frei
Mögen sie sich eine andere Brust suchen
Darin zu wohnen

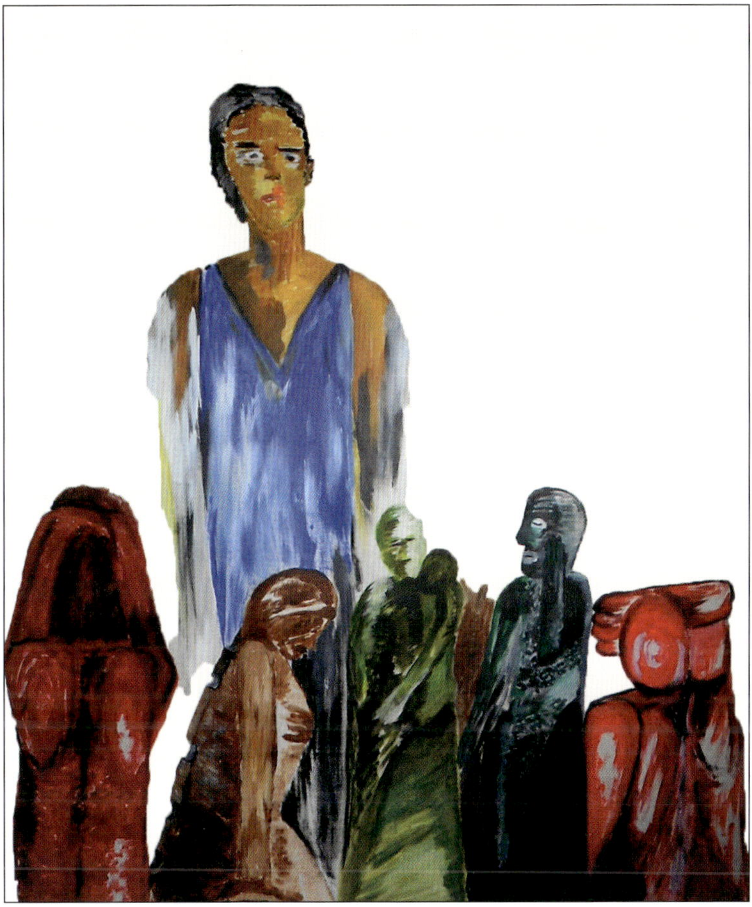

BLEIERNE ZEIT

Durch bleierne Zeiten
Deutscher Herbst
Schlaglichter aus den Siebzigern
In jenem Oktober (es war der 13te im Jahre 77)
Gipfelte er in der Entführung einer Lufthansamaschine nach Mogadischu
Kluge, Fassbinder, Schlöndorf
Der Versuch von Filmemachern
Theaterleuten
Kunstschaffenden
Intellektuellen
Der Versuch eine Standortbestimmung zu wagen
Quer durch die Gesellschaft

Die einen sprachen von Selbstmord
Die anderen sprachen von Hinrichtung

An einem bestimmten Punkt
Der Grausamkeiten angekommen
Ist es auch schon gleich
Wer sie begonnen
Sie soll nur aufhören

BROT UND ROSEN

Ein schönes Stück weißer Carraramarmor
Ein Brot ist da am vorderen Rand grob in den Marmor gemeißelt
Zu kurz um ein französisches Baguette zu sein
Zu lang für ein deutsches Komissbrot
Eher was man heute ein Bauernbaguette nennt
Links darüber ein weiblicher Kopf
Rechts ein männlicher Kopf
Alles nicht fein und fertig gearbeitet
Eher grob als würde der Bildhauer noch dran arbeiten
Die Köpfe scheinen sich in verschiedene Richtungen zu bewegen
Und doch wirkt die Bewegung harmonisch
Sich lustvoll der Strömung zu hingebend
Hinter den Köpfen sind zwei Bohrungen
In jeder steht eine frische Rose
Eine Momentaufnahme: aufgeblüht - Blätter grün
Als sei es das normalste von der Welt:
In einem Marmor wachsen zwei frische Rosen
(Aber es ist schon klar: Du musst alle paar Tage zwei neue kaufen)

Brot und Rosen, Brot und Rosen, Brot und Rosen...
Her mit dem ganzen Leben

Es ist ein altes Gewerkschaftslied
Es ist gesungen davon
Dass zum Leben das Brot nötig ist
Aber auch Schönheit und Lust
Rosen eben (zum Beispiel)
Und vielleicht könnte auch davon gesungen werden
Dass bei allen Kämpfen der Arbeiterklasse
Auch die Solidarität von Männern und Frauen
Nicht auf der Strecke bleibt und
Die Unterdrückung der Frau durch den Mann
Ein Ende haben soll

Längst schon wusste Joseph Beuys worum es ging
Auf dem Gründungsparteitag der Grünen wurde er geschmäht
Und er sagte: Ohne Rosen tun wir es nicht
Das Brot der frühen Jahre war ihm nicht genug
Mit einem gewinnenden Lächeln verschenkte er Rosen

Petra Kelly hatte dieses gewinnende Lächeln auch
Aber nicht die Kraft zum Widerstehen

BROT WEIN KÄSE (Mitteleuropäisches Stillleben)

Ein Laib Brot
Wie frisch aus dem Ofen
Mit feiner Kruste – nicht gerissen
So wie ein gutes Brot
Aus Sauerteig vom Niederrhein sein kann

Ein ordentliches Stück Käse
Vielleicht 2 Sechstel aus einem Laib
Hartkäse – gut abgelagert
Parmiggiano
Wenns recht ist

Eine Flasche Wein
Zwei kleine Kelche
Gefüllt mit diesem ehrlichen
Landrotwein
Dort wo nicht die Lage zählt
Sondern die Einfachheit

Was brauchst du mehr
Denkst du

Du erinnerst dich aber auch derer
Für die die einfache Winzermahlzeit
Unerreichbarer Luxus ist
Sei bereit
Einigen von ihnen diese Gastfreundschaft zu gewähren

Ach   wie angenehm ist es
Eine Brotzeit zu teilen

Ein Laib Brot
Wie frisch aus dem Ofen
Mit feiner Kruste – nicht gerissen
So wie ein gutes Brot…

CARRARA STATUARIO

carrara statuario
Du edelster Marmor
Nur dem Bildhauer vorbehalten
Weil du makellos warst
Zuckerkristallines Weiß

Römische Bildhauer schufen aus dir
Ein Idealbild des Menschen
Kopierend den Großen Griechen Polyklet
Caesaren noch und nöcher

Und die Herrschaftsarchitektur des Römischen Weltreichs

Bis hin zu Michelangelo
Der den Block für Davide holte aus Carrara
Eigenhändig –
Wie er es von seinem Vater erlernt

Und etliche nach ihm
Rodin, Claudel, Lehmbruck, Kollwitz auch Arno Brekers
Hrdlicka

Und auch ich fuhr mit meinem Ford Transit
Jahrelang nach Carrara paar kleine Brocken holen
Dann aber war Schluss

Es gibt keinen statuario mehr
Da müssen Bildhauer
Noch eine erkläckliche Zeit hinwarten

Bis wieder neuer entsteht
Von dieser Güte
Rein weiß
Zuckerkristallin

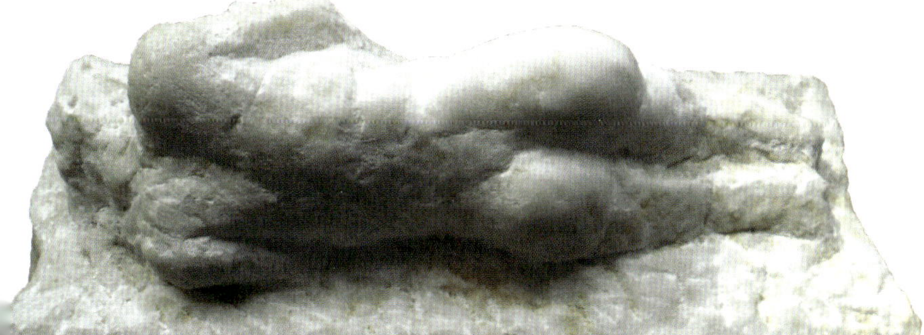

COCOONING

Bist du Kokon oder Puppenhülle
Bist du noch Raupe
Harrest du deiner Wandlung
In einen wunderschönen Schmetterling

Bist du Mensch, Toter, Einbalsamierter
Bist du Leichnam
Harrest du deiner Wandlung
In eine versteinerte Mumie

Harrest du deiner Verbindung
In das Reich der Toten
Mit der Fahrt auf dem Styx
Wo du findest Hesiod, Homer und all die anderen, die in ihrem Leben weise waren

Oder harrest du Deiner Wiederbelebung
In fernen Zeiten
In denen du auf Unsterblichkeit hoffest oder
Heilung von allen Krankheiten zumindest

ENG UMSCHLUNGEN (Paar)

Ein Liebespaar – ja schon
Eine symbiotische Verbindung
Scheinbar unauflösbar
Stell dir vor: Es ist nur eine Momentaufnahme

Gleich wird das Paar sich aufteilen
Wieder zu zwei Individuen werden
Unterscheidbar den Tanz des Lebens tanzen
Aus freien Stücken getrennte Wege gehen

Aus freien Stücken gemeinsame Wege gehen
Raum und Zeit wird wieder eine eigene Dimension
In der sie sich ungezwungen bewegen
Im freien Fall sich halten

Ein alter Grabstein den man mir schenkte
Aber ein besonderer: der eines Zwillingspaares
Das wollte ich in dem Stein bewahren
Deshalb die enge fast erdrückende Umarmung

ENTHAUPTUNG

Das hatt′ ich nicht gedacht
im Jahre zwanzig zehn und vier

Das Bild einer Enthauptung
Jetzt geht ein solches um die Welt

Nein nicht ein Bild
Das trauen sich die Medien nicht
Doch wer es will
Der findet dieses Video wohl

Worin die Neuen Schlächter aus dem Mittelalter
Im Namen eines Allah
Köpfe lassen roll'n von Menschen
Die sie hassen woll'n

Entwicklungshelfer
Fotografen
Mediziner
Entführt   um sie zu töten live im Netz

Was wär
wenn niemand diese Nachricht sendete
Was wär
wenn niemand spräch' die Namen dieser Mörder aus

Die Toten von Paris von Kopenhagen   Libyen und und und
Lebten sie noch   die Zeichner   die Polizisten   die Einkäufer
Wir sind jetzt alle Charlie
Aber ist das schon genug

Ich habe nicht gewollt   dass dieser Stein
Noch wird zur Wirklichkeit im Jetzt
Ich glaubte doch zu schaffen nur
ein klagend Bild aus längst vergangnen Tagen

Als denk mal:
dass es nimmer wieder sei

Hat es denn je mal aufgehört
Das Köpfen hier im Namen irgendeines Gott's

ENTRÜCKT IM SELBST

Roter Sandstein
Die schmale Form des Steines
Noch gut erkennbar
Wie es für eine Skulptur
Von meiner Hand immer typisch ist
Der Kopf in fließender Anspannung
Zu linken Seite gedreht
Das Gesicht   spiegelt noch
Die Erfülltheit des Erlebten wieder
Der Mund noch lustvoll geöffnet
Scheint noch ein Stöhnen von sich zu geben
Der Brustkorb atmet es aus
Bauchmuskeln
Geschlecht
Ergeben sich im Erschlaffen
Dem kleinen Tod

Vormals gab es auch die Frau in Stein dazu
Er hat sie verloren
Der Bildhauer hat sie
Allein
Veräußert
Vielleicht ein Drama
Aber das ist eine andere Geschichte

ER GREIFT NACH DEN STERNEN

Da stehst du
Monolytisch
Fast lebensgroß
Aus rosa Portugiesischem Marmor gemeißelt
Fast Block noch
Und auch schon entrückt in höhere Sphären

Arm und Kopf erhoben gen Himmel
Mit allen Sinnen
Strebst du den Sternen zu
Und bist dennoch voll geerdet
Deine Tatuierung verrät dem Wissenden
Deine Liebe zu rapa nui
Und die professionelle Neigung
Zu großen Steinen und
Großen Aufgaben

Du greifst nach den Sternen
Ach was:
Galaxien

Du strebst nach Großem im Kleinen
Geschickt muss der Bildhauer den Spitzmeißel führen
Wie ein Facharzt das Endoskop
Du erkennst das Große wie das Kleine
Bist dir deiner Kleinheit bewusst
Fast zierlich fraulich
Zulassend keine Zweifel an deiner Mission

Fein hat der Spitzmeißel Brust und Lenden umzingelnd
seine Spuren hinterlassen
Der Arm deutet nach oben
Es ist nur ein Rund von LED-Leuchten.
Es sind zweifelsfrei die Sterne – unendliche Galaxien…

ER KONNTE SCHON IMMER DURCH DIE DECKE STOSSEN

Ein massiver Block
Ein tragender Sockel
Ein Kopf
Ein gewaltiger Stiernacken
Ein starker Rammbock
Ein Stück Diabas
Spezifisches Gewicht 2,95
Daran zerbrechen die Meißel – wenn sie zu spitz geschliffen
Wie geschaffen um dem Bildhauer Widerstand zu leisten
Dunkelgrünschwarzhessisch
Urgestein
Aus der tiefsten Tiefe des Vulkans
Zersplitternd wie Glas
Macht den Bildhauer süchtig
Nach Schmerz und
Freude ob des Gelingens
Ob des gesiegt Habens im fairen Kampf
Zeuge noch ist die bewahrte Steingestalt
Im Parcours des Widerstands

451°

ES IST FÜR DICH

1871
Anselm Feuerbach malt Iphigenie auf Tauris
Wir sind alle bei dir
Was du fühlst
Was du sinnst
Den Kopf gestützt auf einen Fels
In weißes Tuch gewandet
Die rechte Hand dich festhaltend
Den Blick aufs Meer gerichtet

1787 schreibt Johann Wolfgang von Goethe Iphigenie auf Tauris
Er endete mit einem Monolog Iphigeniens
… Leb wohl! O, wende dich zu uns und gib
Ein holdes Wort des Abschieds mir zurück
Dann schwellt der Wind die Segel sanfter an
Und Tränen fließen lindernder vom Auge
Des Scheidenden. Leb wohl und reiche mir
Zum Pfand der alten Freundschaft deine Rechte.
THOAS: Lebt wohl !

1969 wirkt Joseph Beuys mit
Gemeinsam mit Claus Peymann
In einem hermetisch bildhaften Auftritt
Mit einem weißen Pferd
Am Frankfurter Theater Am Turm
In der er sich
Auf die Sprache Goethes und Iphigeniens zentriert

1984/2024 reicht Friedhelm Welge Iphigenien
Ein Telefon aus Bronze
Goethe – sich selbst zitierend
Lässt Gott das Wort sprechen
Auf das wir alle warten:
Ist gerettet

ES IST VOLLBRACHT

Eine klassische Kreuzigungsszene
In der Mitte ein Torso
Ein hängendes Stück Fleisch
Schlaff – tot – aber menschlich
Flankiert von zwei Gliederpuppen aus Künstlerbesitz
Dienend der Darstellung von Bewegung

In weißem Marmor
Ein fast weißer statuario
Aus Carrara

Darunter residiert der Tod in Form eines Schädels
Schönheit in Knochengestalt
Die Schädeldecke
Die Augenhöhlen
Das Nasenbein
Die zahnbestückten Kiefernknochen

Darunter spricht mit fleischigen Lippen ein Menschenmund das aus
Was dort in Marmor geschlagen
FRIWE skulpsit Anno Domini MCMLXXXVI (Neunzehnhundertsechsundachtzig)

Rechts um die Ecke wacht in einer angedeuteten Architektur
Eine weitere Gliederpuppe
Weist darauf hin was auf der nächsten Wand klar wird
Bildhauerei und Architektur sind Eins
Sprechen die gleiche Formensprache
Zumindest noch im 16. Jahrhundert

Wie eine Sprechblase fast
Schwebt vor dem Kopf eine Wolke
In die gemeißelt ward
ES IST VOLLBRACHT
Und wie zur Bekräftigung
Hält ein starker Arm eine Fackel in der Hand

Dennoch beleuchtet sie eine Dunkle Seite
Ein großer Kopf
Hervorquellende Augen
Knotige Nase
Gequollene Zunge
An der er zu ersticken droht

Herausschauend
Aus einem Architekturfragment
Wand und Säule
Und diese klassische Architektur
Ist gleichzeitig Teil von einem
Grabstein

Es ist vollbracht?
Die einzige Skulptur die ich je signierte
Michelangelo machte es ebenso

FREUD: ANNA ANALYSIEREN

1
Die Augen starr ins Nichts und in die Ferne
Beißt in die Gelenke seiner Finger er?
Könnt sein die Hand presst zu den Mund
Dass er nicht selber spreche oder schrei?
Ist er der Helfer der versagt?
Ist er der Zweifler der sich nicht traut?

(In seinen ansonsten lückenlosen Aufzeichnungen findet sich nichts.)

In der Vorstellung des Künstlers entwirft
Diese Skulptur aus weißgrauen Marmor
Ein Bild von Freud
Wie eben ein Laie die ganze Psychologie auf Freud verkürzt
Und eine gespiegelte Frage: Was nun? Sigmund?

2
Sigmund Freud hat seine Tochter
Anna analysiert
Anna analysieren
Gilt vielen Analytiker*innen
Als analytisches no go
Obwohl er mit der Analyse seiner Tochter
Vermutlich neue analytische Welten aufgetan hat
Man könnte es auch Missbrauch nennen
Sophie Freud – selbst promovierte Psychologin
Nannte es eine inzestöse Beziehung

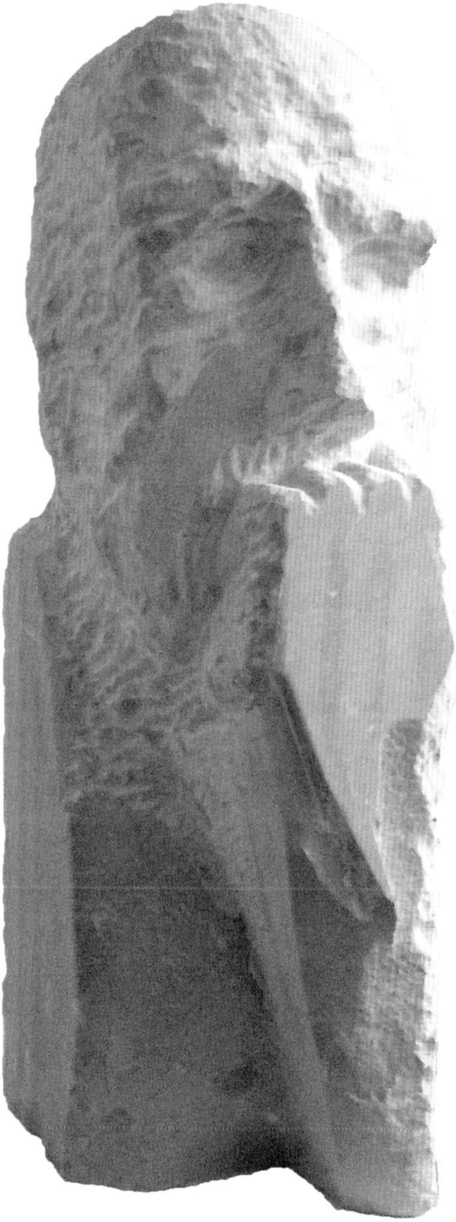

DER GALLISCHE HAHN

Roter Hahn der Bauernkriege
Roter Hahn der auf deinen Schultern sitzt
(Schwarzer Kriegsrufer)
Roter Hahn der dich gen Norden treibt
Roter Hahn der dich gen Süden treibt
Roter Hahn der dich gen Westen treibt
Roter Hahn der dich gen Osten treibt
Roter Hahn deiner Kindheit
Roter Hahn deiner Adoleszenz
Roter Hahn deiner Blüte
Roter Hahn deines Abgangs von der Bühne
Roter Hahn deines Nachrufs
Gallischer Hahn Verkünder eines Neubeginns

GLEICH WIRD SIE SPRINGEN

Der Travertin hat sie
Noch nicht ganz freigegeben
Noch ist sie nicht ganz durchgebrochen
Durch das dreidimensionale Dreieck
Gefrorene Zeit
Den Moment
Einer bald fallenden Entscheidung festhaltend

Der feine Travertin
Ist dafür wie geschaffen
Schwer zu bearbeiten
Fordert er
Dem kommenden Steinmetz
Alles ab

Gleich einem Marmor
Und doch ganz anders
Disziplin
Konzentration
Ähnlich der

Die da gleich fliegen wird

Noch ist es nicht so weit

Nur sie kennt den Moment
Des den entscheidenden Schritt Tuns

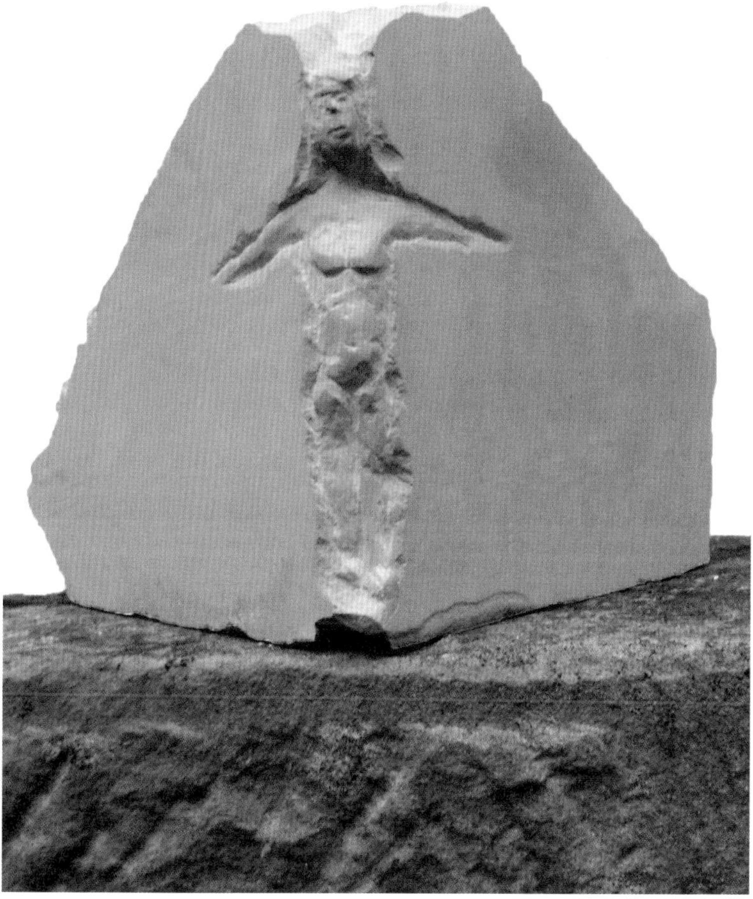

HIGH NOON (Tschernobyl)

Vier Köpfe zu sehen hier sind
Das Elend in die Welt schreien drei
Größter atomarer Unfall
Atomkraftwerk Tschernobyl
Atomarer Niederschlag in weiten Teilen Europas
Ausbreitung der radioaktiven Wolke bis nach Hessen

Ich weiß noch genau
Unsere Tochter Rebecca war gerade zwei
Wir organisierten Milchpulver aus unbelasteter Milch
Im Kindergarten wurde tagelang der Sandkasten zugedeckt
Die Kinder spielten nicht draußen
Bis zumindest die extreme Belastung aufhörte
Geigerzähler kamen zum Einsatz

Nicht auszudenken
Wie es der Bevölkerung
Um Tschernobyl ging

Einer stützt sein Kinn fassungslos auf seine kraftlose Faust
Ein zweites Gesicht strahlt das blanke Entsetzen aus
Der dritte kann es noch gar nicht fassen vor Schreck
Der vierte kann nicht mal schreien
Der Mund ist starr geschlossen
Weit aufgerissen die Augen im Schock

Eine Hand uns gebietend entgegen gestreckt
Sagt Halt – Nicht weiter
Ganz oben ist das Atomwarnzeichen

Darunter Pflanzenstrukturen
Was wollen die uns sagen
Wenn man pflanzenkundig ist
Vermag man Wermut wiederzuerkennen
Wermut heißt auf russisch
Tschernobyl

In der Apokalypse des Johannes steht
Die Welt wird in
Wermut ertrinken

Heute – vierzig Jahre später
Haben wir noch keine Lösung
Was mit dem Atommüll passieren wird
Wir bauen weiter Atomkraftwerke
Der dilettantisch zwischengelagerte Atommüll
Strahlt weiter: Tausende von Jahren

Und wir wüssten nicht einmal wie wir zukünftige Generationen warnen könnten
Es ist wenige Jahrhunderte her
Dass die Kultur der Osterinsel unterging
Ihre bildartigen Schriftzeichen
Sind bis heute nicht gänzlich erforscht
Nach dem GAU werden die Überlebenden in frühste Eissteinzeiten zurückkatapultiert

HOA HAKA NANA IA

hoa haka nana ia
Hieß ein kultisch besonders verehrter moai
Auf der Osterinsel – in der eigenen Sprache genannt
rapa nui

Es war eine Skulptur aus Basalt
Unüblich
Die anderen moai waren alle aus Tuffgestein
Daran zerbrechen die Messer, sein Name

hoa haka nana ia

Er steht heute noch immer im British Museum
Wie viele andere Raubgüter
Sie wurden zwar bezahlt
Aber was für ein deal war das

Nach dem Untergang der Kultur
Und der Versklavung der Insulaner
War der Preis keine Verhandlungssache
Der amtierende ariki wusste gar nicht was er da mit einem
Kreuz besiegelte

In italienischem Marmor
Hat der Bildhauer den moai mit einem Penis in der Hand
dargestellt
Weil die Kultur auf rapa nui
Phallisch und männerdominat war

Die hohe Stirn
Die phallische Nase
Der stoisch schweigende Mund
Die starke Hand

Sie wusste sowohl das Paddel zu führen
Wie den toki aus Basalt
Mit dem der weiche Tuff bearbeitet wurde
Die längste moai-Figur hätte 22 m gemessen
Wenn sie vollendet worden wäre

HOME SWEET HOME

Wie auf des Schlosses Zinnen
Da liegt auf weichen Linnen
Von Mensch ein Stück so schmal
Das Haupt scheint zu genießen
Dass Sonnenstrahlen fließen
Auf seinen Leib astral

Der Corpus ist geschunden
Er zeigt uns seine Wunden
Von Meißelhieben stark
Es hebt der Brustkorb noch mit Müh sich
Vielleicht ein letztes Ich-bin-glücklich
Das ich im Innern barg

Ein Hügel Bauch   Geschlecht und Bein
Es könnt ein Wasserfall wohl sein
Am Ende sinds Mäander
Man sieht der Marmor Wand getrennt
Von Keilen   in des Bohrers Loch gezwängt
Zu treiben auseinander

Geschliffne Zinnen ungleich hoch sie ragen
Gemacht den Körper wohl zu tragen
Wies herrlich glitzernd Firmament
Man könnt sie für ein Mahnmal halten
Heldenköpfe in Basalten
Die Sprengung macht dem Bild ein End

Einst standen in Afghanistan
Die Buddhas groß von Bamiyan
Geschaffen vor fünfzehnhundert Jahren
In Ehrfurcht   Weitsicht   Toleranz
Wegweis den Händlern   die dort fahren
Gesprengt in die Luft durch Taliban
Von Wut   von Terror   von Ignoranz

Terrorakte laufen jetzt anders
Nicht sprengen mehr Kämpfer Weltkultur in die Luft
Zu Händlern der Dealer sind sie geworden
Kleinodien   herausgeflexte Fragmente aller Kulturen
Mesopotamien   Syrien   Irak
Krieger als Archäologen
Sie werfens auf den Markt westlicher Eitelkeiten
So wird jetzt Krieg zwischen Kulturen bezahlt

Ein kleiner Terracottastreitwagen
Ist gut für etliche Handfeuerwaffen
Wir sponsern die verbrannte Bürgerkriegserde
Und stehen natürlich zum Wiederaufbau bereit

Export   Import
Global   local
Export   Import
(Da simmer dabei   dat is priiihiiima)

ICH HABE AUF DICH GEWARTET

(Gespräch im Wartezimmer)

Ich habe auf dich gewartet
Ich habe schon für dich gewartet
Die Zeit vergeht im Nu
Wir können uns ein wenig unterhalten
Über das Warten zum Beispiel
Godot ist schon fertig
Oder über das „Nach den Sternen greifen"
Was wünschst du dir
Jetzt in diesem Augenblick
Morgen
In zehn Jahren
(Wäre doch toll, wenn man sich darüber unterhielte)

Die Skulptur ist Teil der Gestaltung in einer internistischen Praxis in Offenbach.

KOPF (moai)

Ein Kopf kann
Wie ein Turm sein
Wie ein Fels in der Brandung sein
Wie ein Tyrann sein
Wie ein Meister aus Deutschland sein
Wie ein Stein des Anstoßes sein
Wie ein Stein der alles ins Rollen bringt sein
Wie eine Lichtgestalt sein
Wie ein Häufchen Elend sein
Wie ein Eisberg sein
Wie ein Kap der Guten Hoffnung sein
Wie ein rettendes Eiland sein

Und immer eine Herausforderung

KRUMMGESCHSCHLOSSENER

Krummgeschlossen – Cyriacus – Zwangsarbeit
Tägliche Demütigung – Grausame Willkür an Häftlingen
In den Lehmgruben des alten Roms
Wie in den Folterkellern des Jetzt
1913 schrieb August Bebel in seiner Biografie
Sein Vater sei Gefängniswärter gewesen
Man habe dort die Gefangenen durch Krummschließen gequält
Zeitlebens sei das ein Bild für die
Rechtlosigkeit der Arbeiterklasse gewesen
Meine Skulptur ist in ihrer formalen Strenge des Dreiecks und
Der überdrehten Gliedmaßen eine Entsprechung dazu
Die Beschreibung seines eigenen Leidens
Von Jean Amèry hat mich zutiefst getroffen.

Aus Jean Améry „Die Tortur“

BUNKER HING VON DER GEWÖLBEDECKE EINE OBEN IN EINER
LE LAUFENDE KETTE, DIE AM UNTEREN ENDE EINEN STARKEN,
CHWUNGENEN EISENHAKEN TRUG. MAN FÜHRTE MICH AN DAS
ÄT. DER HAKEN GRIFF IN DIE FESSEL, DIE HINTER MEINEM RÜCKEN
NE HÄNDE ZUSAMMENHIELT. DANN ZOG MAN DIE KETTE MIT MIR
AUF, BIS ICH ETWA EINEN METER ÜBER DEM BODEN HING. MAN
N SICH IN SOLCHER STELLUNG ODER HÄNGUNG AN DEN HIN-
M RÜCKEN GEFESSELTEN HÄNDEN EINE SEHR KURZE WEILE MIT
SKELKRAFT IN DER HALBSCHRÄGE HALTEN. MAN WIRD WÄHREND
SER WENIGEN MINUTEN, IN DENEN MAN DIE ÄUSSERSTE KRAFT
AUSGABT, KEINE FRAGEN BEANTWORTEN. DAS IN EINEM EINZIGEN
PERBEREICH, NÄMLICH IN DEN SCHULTERGELENKEN, GESAMMEL-
EBEN REAGIERT NICHT, DENN ES ERSCHÖPFT SICH GANZ UND GAR
KRAFTAUFWAND. WAS MICH BETRIFFT, SO MUSSTE ICH ZIEMLICH
NELL AUFGEBEN. UND NUN GAB ES EIN VON MEINEM KÖRPER BIS
DIESER STUNDE NICHT VERGESSENES KRACHEN UND SPLITTERN
EN SCHULTERN. DAS EIGENE KÖRPERGEWICHT BEWIRKTE LUXATI-
ICH FIEL INS LEERE UND HING AN DEN AUSGERENKTEN, VON HIN-
HOCHGERISSENEN UND ÜBER DEM KOPF NUNMEHR VERDREHT
CHLOSSENEN ARMEN. TORTUR, VOM LATEINISCHEN TORQUERE,
RENKEN: WELCH EIN ETYMOLOGISCHER ANSCHAUUNGSUNTER-
HT! DAZU PRASSELTEN DIE HIEBE MIT DEM OCHSENZIEMER…"

LUMBUNG

In die Reisscheune tritt ein
Der Ort wo lagern kannst   deine Überschüsse
Zum Wohle aller
Der Ort wo du dich inspirieren lassen kannst
Von den Überschüssen anderer
Zum Wohle aller
Der Ort
Wo du Wissen   Ideen   Arbeit   Raum
Teilen kannst

Kollaborative networking
Be a member
Of lumbung interlocal

Gib was du hast
Als Künstler*in   als Mensch
Als Gestaltender
It's all for free
Denk nicht an den Ertrag
Wir werden gemeinsam ernten

Es wird eine Weile dauern
Wir müssen das Teilen erst lernen
Und das Nongkrong auch

Beuys lehrte es uns schon:
Soziale Plastik
Leben

Harvest lumbung ekosystem

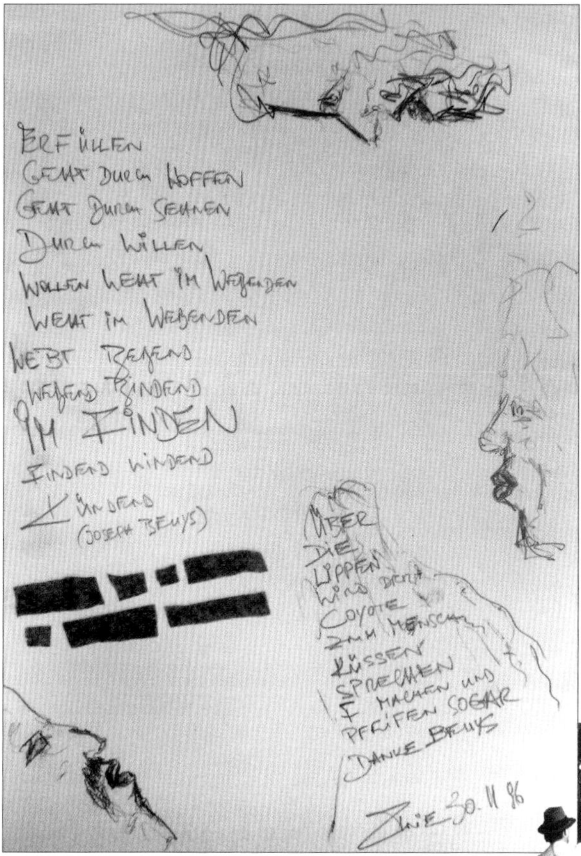
ERFÜLLEN
GEHT DURCH HOFFEN
GEHT DURCH SEHNEN
DURCH WILLEN
WOLLEN WEHT IM WEBENDEN
WEHT IM WEBENDEN
WEBT BEBEND
WEBEND BINDEND
IM FINDEN
FINDEND WINDEND
KÜNDEND
(JOSEPH BEUYS)
ÜBER
DIE
LIPPEN
WIRD DER
COYOTE
ZUM MENSCHEN
KÜSSEN
SPRECHEN
MACHEN UND
PFEIFEN SOGAR
DANKE BEUYS
30.11.86

DAS MACHT DIE HENKER MACHTLOS

Von der Gestapo in Tegel inhaftiert
Am 9. April 1945 in Flossenbürg in aller Eile gehängt
Er sollte nicht überleben: Dietrich Bonhoeffer
Einer an dem man sich festhalten kann in größter Not
Wie dieser Christopherus
In den Folterkellern der Gestapo gab er Mithäftlingen Zuversicht
Und Unbeugsamkeit
Er rettete sie vor der Zerstörung ihres Menschseins
Ein Märtyrer aus Fleisch und Blut
In seiner Biographie wurde
Mir der legendäre Christopherus begreiflich
Er bringt dich rüber auf die andere Seite
Macht dass du als menschliches Wesen heil bleibst
Das macht die Henker machtlos

Hier gilt die StVO
10

MARMORBOOT

Ein schlankes Stück Marmor
Glattgeschliffen
Gleitend, stromlinienförmig
Ungewöhnlich
Eine Skulptur, die nicht Menschenfragment ist

Ungewöhnlich
Für diesen Bildhauer
Um nicht zu sagen einmalig
Ein weißes Stück Marmor
Schön, klar, die Hand fährt angenehm darüber

Der Bug scheint sich durch die dunklen Wellen zu schieben
Die Abwesenheit von Menschen fällt auf
Hat es angelegt und wartet auf neue Fracht
Ist es gestrandet
Hat es seine Fracht verloren

Menschen – nicht nur – vor Lampedusa ertrinken
Die Schwimmwesten wurden von einem chinesischen Künstler eingesammelt
Er schuf daraus ein berührendes Werk?
Wir aber denken an den Satz von UNITED RESCUE
„Man lässt keine Menschen ertrinken. PUNKT."

MÖNCH/ASTRONAUT

Als Abt sei er friedlich entschlafen nach einem erfüllten
Leben. Wundersame Heiligengeschichten ranken um ihn:
Ägidius sein Name

Dem Bildhauer ist er zum Symbol geworden für einen
Der in seiner Identität verharrt
In seiner Kutte hat er Wohnort bezogen
In seiner Hülle verschwindet er
Hebt ab in andere Welten
Seine Erscheinung ist einem Astronauten gleich
Weltenraumbereisender
Botschaftgebender
Kundiger Verkünder

ORPHÈUS UND EURYDIKE

Geschlagen aus dem umgedrehten Sockel eines Grabsteines
In der Bootsform erkennst du noch
Die Teile der alten Ornamente
In den achtziger Jahren arbeitete ich gerne mit Steinen
Die bereits eine Geschichte hatten
In Respekt vor der Arbeit altvorderer Steinmetze
Habe ich immer versucht
Teile der Geschichte
In meiner Skulpturenidee aufzuheben

Orphèus
Er war ein gottbegnadeter Sänger
Nachkomme des Linos
Sohn der Kalliópe
Orphéus
Steigt hinab zur Unterwelt um die Rückgabe
Seiner geliebten Gattin Eurydike zu verlangen
Denn der Biss einer Giftschlange
Hatte sie ihm genommen

Orphèus
Er ist ein gottbegnadeter Sänger
Alle Büßer in der Unterwelt
Tantalus, Sisiphos –
Selbst Kerberos wird zahm
Unterbrechen ihre qualvolle Tätigkeit
Um ihm zu lauschen
Die Erinyen sind zu Tränen gerührt
So lässt sich auch Hades erweichen

Der Gott der Unterwelt erlaubt
Euridike darf Orphèus
In die Oberwelt folgen
Keinesfalls aber darf sich Orphèus nach ihr umdrehen

Orphèus aber
Von Liebe und Sehnsucht überwältigt
Dreht sich um
Euridike
Ist auf immer für ihn verloren

Orphèus – Der Mythische – ist ein Stifter
Einer Geheimlehre aus archaischen Zeiten
Versprach den Eingeweihten
Erlösung aus den Strafen der Unterwelt
Eine Seelenwanderung machen sie durch
Rodin – zeigt den Moment in weißem Marmor
Beide nackt und nahe
Noch hat Orphèus die Hand vor Augen
Wir wissen   dass gleich sie wird verloren sein

Hat Camille Claudel auch an diese Skulptur Hand angelegt
Ein Vergleich scheint das nahe zu legen

PHILIPP REIS

Ich stehe unter deinem Denkmal
Das dir hier errichtet ward
In den Grünanlagen zu Frankfurt
Gedenkend seiner Erfindung
Am 26. Oktober 1861
Telephon nannte er die
Zunächst noch unterschätzte geniale Idee.

Alexander Graham Bell (sic) meldete es 15 Jahre später in
Amiland zum Patent an

Ein Sockel trägt seine Büste
Rillen laufen zu Boden
Wie Leitungen ins Netz der Verbindungen
Zwei nackte Jünglinge
Sprechen jeweils in den Apparat
(Zwei nackte Jungfrauen
Oder gar ein nackter Jüngling
Und ein nacktes Mädchen durften es
Natürlich nicht sein.)

Die da telephonieren
Cool und lässig stehen Sie da
Dem Bildhauer Modell
Einer spricht – einer lauscht…

Und wenn man bedenkt
Was so alles ins Telefon
Gesagt und gesäuselt wird
Geheimnisse von großer Tragweite
Und Erotisches von nicht minderer Brisanz
(Denken wir nur an das was
King in spe Charles seiner Camilla zuschmachtete:
Dass er an ihrem Tampon lutschen wolle)
Was die Papparazzi erlauschten und enthüllten
Erschütterte die britische Monarchie

Zeitgenössische Hacker tun heute
Ganz andere Sensationen kund
Am laufenden Band
Und wir kommen gar nicht mehr mit
(Und wer versteht das schwäbische Wundern: Hen die do die Schnur vergesse?)

RÜCKEN AN RÜCKEN

Grad ich dieses schreibe
Seh ich euch stehen hier
Im Bogen des Tors zum Atelier
Vor einer Wand aus peitschendem Regen
Blitze wie Spotlights verfolgt von waberndem Donnern
Stehn da gelassen sich stützend
Rücken an Rücken

Spielbein und Standbein
Lässig
Da seiend
Eiche den Umfang des Stammes noch zeigend
Schlank Nackt
Verletzbar
Dennoch trutzig

Es suchen die Donner grollend das Weite
Heller wird es wieder
Ihr zeigt eure Wunden
Tiefe Risse im Stamm
Fast scheints es zerreißt sie
Grobe Schnitte im Holz eures Fleisches
Die Kettensäge die zwischen euch fuhr
Unbarmherzig Rippen Hüften Arme schuf
Brust Hals Schultern Geschlecht
Und feine Gesichtszüge
Schau ich von hier so blicket ihr ernst
Stumm schreiend zugleich

Ihr habt nicht Zukunft
Nicht Vergangenheit
Es lebt und stirbt der Mensch ja weil er muss
Und weil er will auch kann

Wenn wer ihm hält den Rücken frei
Tanzen wir Tango wie Rock ´n Roll
Es tanzt zu zwein
Sich besser als allein

Kann sein es fehlt nicht viel
Der Bogen bricht
Die Saite reißt
Auch ist von Nöten mehr als die Musik

Im Zelte Ebolas
Fehlt Kraft zu reichen einen Becher
Reinen Wassers
Und ist egal auch nicht
Auf welchem Land
Zum Tanz die Tenne steht
Ob Gaza, Gorgia, Gladenbach...

SCHÖPFEN

Hände zum Schöpfen
Aneinandergelegt
Breit aufgefächert
Empfangt ihr das köstliche Nass

Und
Erzählt so
Die Geschichte vom Dürsten nach Wasser
Die Geschichte vom Genießen klaren Wassers

Grüner Anröchter Dolomit
Trocken wirkt er unscheinbar
Wenn er nass
Zeigt er sein Farbenspiel

Von Mint bis Beige Grün

Schau deine Hände an
Leg sie zum Schöpfen aneinander
Es ist eine Geste
Vorbehaltlosen Gebens

SISIPHOS

Sisiphos legendärer Gründer des Großen Korinth
Homer hat dich besungen
Deine Gattin Merope mied Ihresgleichen
Weil du sterblich
Du warst ein Meister in Schlauheit und List
Mit der es dir gelang den Tod zu fesseln
Bis Ares ihn aus deinen Banden löste
Weil es nicht sein darf
Dass niemand mehr stürbe

Aber als du selbst gestorben und
Du dich mit einer neuen List aus dem Hades stahlst
Da war die Geduld des Zeus am Ende

Ewig musstest du fortan
Den schweren Felsbrocken mit all deiner Kraft
Einen Berg hinauf wälzen
Bis er wieder in die Tiefe rollte
Erneut musstest du hinauf
Bis er wieder in die Tiefe rollte
Erneut musstest du hinauf
Bis er wieder in die Tiefe rollte
Erneut musstest du hinauf

Du bist aber auch denen ein Vorbild geworden
Die beharrlich und mit Ausdauer am Werk sind
Gleich der Gärtner*in
Die immer wieder dem Wachstum sich entgegenstellt
Zu bändigen die grüne Flut
Jeder Pflanze raumgebend
Schönheit entfaltend

TANZ AUF DEM VULKAN

Tanz auf dem Vulkan
Wer bestimmt den Takt
Devil oder Angel
Ist es auf dem Vesuv (Italien)
Ist es auf dem Eyjafjallajökull (Island)
Ist es auf dem Kilauea (Hawaii)
Ist es auf dem Pico de Teide (Teneriffa)
Ist es auf dem Santorin-Archipel
Ist es auf dem Thera (Kreta)
Der letzte Tanz ist angesagt
Die Lava fließt
Alles ist im Fluss
Die Trommeln sind angerührt

Alles ist ein Werden und Kommen
   Transformation
Es wird gezeugt
Es wird geboren
Es wird gestorben
Es wird gelebt
   Transformation
Es wird geliebt
Es wird gestritten
Aber nicht gehasst
Denn im Hass gibt es keine
   Transformation
Wärme   Licht   Asche
Dünger   Wasser   Energie

„Alles ist im Webenden im Strebenden" (Beuys)

TANZ UM LEBEN UND TOD

Das Monster direkt unter der Schlange
Ein Kopffüßler wie mannigfaltig sie die Bilder von
Hieronymus Bosch bevölkern

Der Totenschädel
Eva reicht Adam über den Tod im Auftrag der Schlange den Apfel

Drei mächtige Wesen luziferischer Art kämpfen um die Vormacht
Ein Fabelwesen wird wie von Geisterhand am Bein festgehalten

Jason der griechische Held mit dem Fell
Er hat das Monster fest im Griff

Ein Wiedergänger bedroht die Familie
Mutter (oder Vater?) mit Kind hält schützend den Mantel
um das Kind
Ein Zwerg, ein Gnom – einem surrealen Bild entlaufen geht
auf die Familie zu
Kann ihr aber nichts anhaben

Von der Anderen Seite nähert sich aus Urzeiten kommend
Ein Drache, ein Saurier
Auch er scheint keine Bedrohung für das Kind zu sein
Schutzmantelbedeckt

Eine aztekisch anmutende Maske verschlingend sich selbst
Die wehrhafte Frau kann sie noch aufhalten
Ebenso das zweiköpfige Mischwesen
Zertretend das Hockende

Aus der Neuen Welt herbei katapultiert
Die großen Portraits der Großen Präsidenten
In Betrachtung eines weiblichen Körpers

Ein abstruses Bildwerk
Zeigend den Widerstreit zwischen
Höllischen und himmlischen Kräften

Auf dass der Mensch sich fürchte
Die Fassaden der berühmten
Gotischen Kirchen sind voll davon

TORWART

Du Schmetterer der großen Kugel du
Dringst du hier in dieses Idyll ein
Die Kreidefelsen von
Casper David Friedrich

Oder bist du der Beschützer des Paares
Die ergriffen hinabblicken aufs Meer
(Bei dem Mann bin ich mir nicht sicher ob er eher gelangweilt dort steht)
Friedrich war nicht gut im Zeichnen
Von Menschen in ihrer Menschlichkeit

Und doch erscheint er uns heute
Als ein Bewahrer von Natur und Natürlichkeit
Die Migrantin Gisèle Freund bekennt
Ich bin unter den Kreidefels vor Rügen aufgewachsen

Und du Wanderer von heute
Spürst du die Bedrohtheit der Natur
Die in allen Bildern Friedrichs zu wohnen scheint
Gerade weil er sie unberührt und gewaltig malte

Torwart nannte ich einst die Skulptur
Wärter am Zugang zur reinen Natur
Goalkeeper du hälst dein Tor sauber von
Gegnerischen Treffern des Netzes

Natürlich passt das nicht in die Landschaft
Bist ein Störenfried aus der Heutezeit
Das Paar nimmt dich nicht wahr
Weil du hineincollagiert die Fremdkörperskulptur

Gewaltig und dennoch harmonisch
Schützend die Kreidefelsen und das Paar
In der Zeitschrift Genius leuchteten
Die Kreidefelsen im revolutionären Farbdruck

TROMMLER

Trommler
Schlage deinen Leib
Denn du bist die Resonanz
Deiner selbst

Trommler
Schlage deinen Leib
Denn du bist selbst
Dein Klangboden

Trommler
Schlage deinen Leib
Denn du bist und atmest
Deinen Rhythmus

Trommler
Schlage die dumpfen Töne
Mit dem Schlagholz
Dir aus den Rippen geschnitten

Trommler
Schlage deinen Leib
Du bist die Harmonie
Disharmonie zugleich

Schlag und Pause
Kraftvolle Stille bist du
Trommler
Du bist deine Stimme

Wie Grassens Oskar
Schlägst du die Kindertrommel
Wenn ungehört du bleibst
Ward alles Glas zersungen

TURM DER GEFÄHRTEN

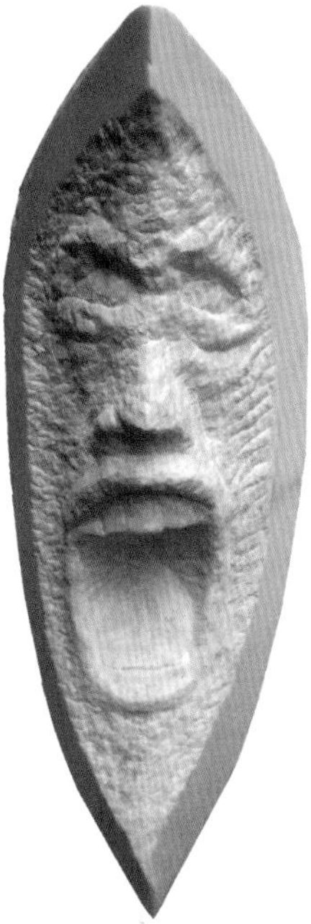

1
Bleicher Genosse
Schreiende Mondsichel
Dein Ruf so laut wie stumm
In diesem Winkel bist du ach so dominant

Fast könnt man meinen
Außer klagen sei da nichts gewesen
Doch halt – du bist der Rufer ja:
Ich bin – ich will – ich kann – ich muss

Es soll die Seel‘ entäußern sich
Zum Menschsein
Zum Künstlersein
Züngelnd entflammt bist du fürs Leben und den Stein

Auch dieser weiße Marmor hat's dir abverlangt
In deine blanken Zungen hat er sich eingemengt
Die Faust die diesen Fäustel hält – Tausend Gramm Eisen
Das Tonnen Stein schon bat um eine Form

Und dieser bleiche Kopf
Der stoisch blickt umher wohl von des Turmes Krone
Selbst Teil des Gipfel seiend
Verbunden siamesisch mit dem Rufer – der uns wissen lässt
Dass wir geborn im Schrei
Und sollten üben
Nicht zu halten unser Maul
Wenn Welt uns aufträgt sie hinauszuschrein
Dass nicht Demenz erst lässt uns los zu diesem Werk

2
Wie ein Pokal ist drunter präsentiert
Ein frühes Werk aus Studienzeiten
Geformt aus Ton – gebrannt – bemalt
Ein Manifest politischen Gefühls:
Wir Sozialisten nehmen die Wirklichkeit ernst
Doch selten sah ich euch lachen
Seid ihr euch des Sieges nicht gewiss?
Steht da auf nem Altar
Gleich solchen an Fronleichnamstagen
Die meiner Kindheit Prägung waren
Katholisch muffig und doch blumig schön

3
Gestützt von diesem Kopf
Ein abgeklärter Freund
Versunken in die ganze Welt und sich
Er trug Sanyasins und Rastalocken auch
Zwei Sommer in Orange oder gar drei
Als er die Augenlider aufschlug wieder
Das Schweigen seines Kussmunds brach
Und sich als Philosoph nun gab
Als Künstler auch vielleicht
Ein Breitbandphilantrop
Doch einer von der guten Art
Mit dem man gern der Worte Klingen kreuzt

4
Wie kommt der Gnom dahin
Der Troll der Wellenschmeißer
Er formt daraus gefährlich sogend Flut
Als wärs nicht schön hinab und weg zu
tauchen in den Strudel
Ach sieh dich vor und doch
Wer sich nicht in Gefahr begibt
Kommt um darin

5
Scheinbar ganz ruhig
Es reitet hier ein Boot   doch auf den Wassern wird
Darauf ein Dreiecksteam:
Zwei Männer eine Frau
Sie spielen grad ein zeitgenössisch Stück
Vom pourquoi pas

Kann aber sein
Es ist ein Stück von Wortbruch Leid und Leidenschaft
Von Lust und Last und Lotterie
Du selbst kannst werfen auf das blank geschliffene Ahornblatt
Der Dinge deine Sicht
Mit dem Beamer deines Hirns und deines Herzens
Komm schon:
Wer bist du?
Wer willst du sein?

6
Wer hinter vorgehaltner Hand traut sich da zu denken nur
Schauen
Beinah sprechen
Ein Selbst
Ein alter Ego
Ein Phantom
Ein grübelnd Mystiker
Ein Misanthrop
Und doch gefährdet auch

7
Da lob ich mir den Moai
Den Osterinselmann
iorana
Gut Freund
Mach nicht Worte schreibt nicht Briefe
Doch wenn wir uns begegnen
Wird passen nicht ein Tag
Zwischen Heut und
Jenem Jahr

8
Da oben in der Kron‘
Noch zwei Häupter sind
Siamesisch
Diametral
VaterMutter
SchwesterBruder
Wunscherfüller&Enttäuschung
TrauerBosheit
SehnsuchtslächelnSichverbeißen
Ach man bräucht ne Hadrianssäule
Für all die Mär
Vom Gestern Heute Irgendwann

VERSCHICKUNGS-KIND

Was mag da noch gekommen sein
Außer dem aus der Familie gerissen sein
Ist das das Heim Sancta Maria, frage ich
Ist heute ein Mutter-Kind-Heim, die Antwort ist
Eine Kälte überkommt mich
Ich meine erkennend zu spüren   dich
Haben wir verschüchtert
Eingeschüchtert
Voller Angst
Das Kommende erwartet und erduldet...

Zwischen den 1950er und 90er Jahren gab es in Westdeutschland einen Kinderkur-Boom. Nach Schätzungen der „Initiative Verschickungskinder" wurden in dieser Zeit 8 bis 12 Mill. Kinder in wochenlange Kuren in Heime, Heilstätten und Sanatorien gegeben. Meist ohne klare Indikation. Viele haben gute Erinnerungen an die Zeit. Doch es gab auch viele der damals 2 bis 14 Jahre alten Betroffenen, die keine Erholung fanden, sondern 6, manchmal auch 12 Wochen mit Schlafentzug, Toilettenverbot, gewaltsamer Essenszufuhr, Wegsperren in Gitterbetten, Besenkammern und Kellern, Gruppendemütigungen und anderen Strafen aus dem fürchterlichen Arsenal der 'Schwarzen Pädagogik' erlitten. Wie traumatisierend für manche ehemaligen Verschickungskinder die Erlebnisse bis heute sind, machen tausende Zeitzeugenberichte in Internetforen deutlich.

Es hat viele Jahre gedauert, bis auf Borkum dieser erste Gedenkort geschaffen wurde. In Respekt vor dem tausendfachen Leiden.

WASSER (Seestück)

Aus dem Paläozoikum (für Schlagzeug?)

Brasilianischer Quarzit
Gesägt und poliert offenbarst du
Deine Schönheit in höchster Vollendung
Klare blassblaue tiefblaue Linien
Ziehen durch das Format
Wie die ewigen Wellen Wellen Wellen Wellen des Meeres
(Querflöte, Bass?)
Streben unaufhaltsam
Kontinuierlich zeitenlos dahin
Ein immerwährendes Spiel durch Gezeiten und Erdzeitalter
Fast Ultramarinblau
Eine Momentaufnahme in deep blue
Was hat gefehlt um es zu einem Yves-Klein-Blau
werden zu lassen
Erstarrt im Karbon
Oder später oder früher
Nicht grauen nein
Blauen Moment
Nenne ich dich

Ich habe Die Wasser (Piano, Saxophon?)
In einen schweren Goldrahmen gezwängt
Wie ein klassisches Seestück
Den Strömungen habe ich einen Ausgang gelassen
Denn das Meer kann man nicht aufhalten
Aber es ist geblieben
Nur ein Hochseeschoner
Scheint mit aufgeblähten Segeln
Das Weite gesucht zu haben
„Dreimastsegler aus dem Rahmen gefallen“
Scheint eben noch der Maat gemeldet zu haben

Erdzeitalter	(Bass?)
Devon	
Karbon	
Perm	
Trias	
Jura	
Kreide	
Tertiär	
Quartiär	

Gezeiten	(?)
Ebbe	
Flut	
Kometeneinschlag	
Erdplattenverschiebung	
Erdbeben	
Katastrophen	
Dunkelheit	
Licht	
Gewitter	
Gewölk	

Ruhe

Planetengeburten	(Triangel?)
Stille	(Stummer Impuls?)

ZÄSUR (Bilanz)

Sie sprachen von den vielen Jahren des Schaffens
Von den großen Erfolgen
Und von den kleinen die aber immerhin dafür gesorgt hatten
Dass man ihn in einem gewissen Radius kannte und schätzte

Von den Menschen die über etliche Jahre
Seine Kunst schätzten und auch kauften
Er lebte immer noch in jenen Zeiten
Und wärmte sich an ihnen

Aber es gab auch jene Jahre   wo kaum jemand
Seine neuesten Werke sehen wollte
Keiner der seine Skulpturen auf den Markt trug

Immer wieder glühte das Feuer noch
Und er schmiedete darin seine Ideen für Plätze
Und manch einen Verkauf hatte er auch

War es so
Waren die Züge abgefahren
Löschten die Kähne die steinige Fracht nicht mehr.

Nicht vergessen sei der Rat - zu vernichten
Was in seinen Augen nicht wirklich gut ist
In der Unabhängigkeit des nicht Müssenden
Gelangen noch einige Werke

Seine Kinder träumten von eigenen Häusern
In denen seine Skulpturen Ehrenplätze haben würden
Das immerhin ist nicht die schlechteste Art